AF321452

OBSÈQUES

DE

LA MÈRE MARIE DE L'ASSOMPTION

SUPÉRIEURE

du Pensionnat de Saint-Joseph de Cluny, de Beauvais.

ALLOCUTION

DE

Monseigneur l'Évêque de Beauvais, Noyon et Senlis.

24 Février 1877.

BEAUVAIS,

Typographie de D. PÈRE, Imprimeur de l'Évêché,

rue Saint-Jean.

OBSÈQUES

DE

LA MÈRE MARIE DE L'ASSOMPTION

Supérieure du Pensionnat de Saint-Joseph.

Le samedi 24 février ont eu lieu, à dix heures et demie, dans la chapelle du Pensionnat de Saint-Joseph, les obsèques de la digne Supérieure, la Mère Marie de l'Assomption, née Louise d'Elbée.

Monseigneur présidait la triste cérémonie.

Sa Grandeur avait voulu donner, par sa présence, un dernier témoignage de sa haute estime et de sa paternelle affection pour la regrettable défunte.

Aux côtés de Monseigneur et dans le sanctuaire où se pressait un clergé nombreux, on remarquait :

Mᵍʳ Obré, vicaire-général ; divers Membres du Chapitre ; M. le Supérieur du Grand-Séminaire ; M. le Curé-Archiprêtre de la Cathédrale ; M. le Curé de Saint-Etienne ; le R. P. Orinel, Supérieur des Pères du Saint-Esprit.

La nef était remplie avant l'heure par une assistance distinguée et recueillie, composée d'anciennes élèves de la Maison, de députations de toutes les Communautés religieuses de la ville, et des personnes qui avaient connu l'excellente Supérieure. Son oncle, le respectable M. d'Elbée, et un autre membre de sa famille, étaient au premier rang.

M. l'abbé Millière, vicaire-général et ami de la Maison, célébra la grand'messe pendant laquelle les élèves du Pensionnat, groupées dans les deux tribunes, exécutèrent les chants de l'*Office des Morts*.

L'émotion générale, longtemps contenue, éclata de toutes parts, quand, avant de faire l'absoute, Monseigneur retraça le tableau de la vertueuse existence qui venait de s'éteindre.

On se rendit ensuite processionnellement au cimetière en suivant les boulevards. Devant le corps, une élève portait un immense bouquet de fleurs blanches, et, de chaque côté du cercueil, deux autres élèves, qui se remplaçaient pour cet honneur envié, soutenaient une magnifique guirlande de lilas et de camélias blancs, touchant emblême déposé par la piété filiale sur les derniers restes de la virginale Epouse du Christ.

ALLOCUTION

PRONONCÉE

à l'Inhumation de la Mère Marie de l'Assomption,

Supérieure du Pensionnat de Saint-Joseph de Cluny, de Beauvais.

Je n'ai pas besoin de vous dire combien je suis affligé de la perte cruelle que nous venons de faire par la mort de l'excellente Supérieure, la Mère Marie de l'Assomption.

Ami de son respectable père, **M**. d'Elbée, et de sa vertueuse mère, j'avais vu grandir dans une maison qui m'est chère, ses frères, aujourd'hui braves soldats ; j'avais suivi en même temps avec bonheur les progrès rapides que faisait dans la science et dans la vertu leur bonne sœur, qui les aimait tant, et qui n'a pas eu la consolation de les revoir avant de mourir. Déjà, par un privilége bien rare, qu'elle a conservé toute sa vie, elle avait le secret de gagner tous les cœurs ; elle était chérie de ses compagnes et de toutes les maîtresses dévouées, qui présidaient à son éducation. On admirait en elle non-seulement une intelligence d'une vivacité précoce unie à un jugement droit et sûr, mais encore une vertu tout angélique qui se reflétait sur sa physionomie et qui faisait dire à tous ceux qui la connaissaient : « *Que pensez vous que deviendra cette enfant ?* »

Dieu parla à cette âme si pure ; il lui dit le mot qui fait les Vierges : « Viens, suis-moi, » et malgré son extrême tendresse pour sa mère et les autres membres de sa famille, renonçant aux espérances et aux promesses du monde, elle quitta tout pour se donner sans partage à l'Epoux céleste dont elle avait entendu la voix.

Si la fille fut généreuse dans ce sacrifice, la mère ne le fut pas moins. Ses trois fils avaient embrassé la carrière de la marine ; ils étaient loin de France, et ne faisaient au foyer domestique que de très-rares apparitions. Louise restait seule pour consoler le veuvage de sa respectable mère ; néanmoins aussitôt que celle-ci eût connaissance de la vocation de sa fille, sans lui faire aucune objection, mais avec la grandeur d'âme d'une chrétienne qui respecte les droits de Dieu et qui comprend la dignité de la profession religieuse, elle dit à sa fille : « Dieu t'appelle, va mon enfant !... »

Louise devint donc religieuse. Elle entra dans la respectable Congrégation de Saint-Joseph de Cluny, où elle avait été élevée, et reçut le nom de Sœur Marie de l'Assomption. Quelle fut sa vie dans cette vocation sainte ? La vie d'une Vierge de Jésus-Christ qui consacre à son divin Epoux toutes les délicatesses de son cœur et tous les mouvements de sa volonté.

A Paris et à Senlis, on la vit le modèle de ses sœurs et la mère de tous les enfants confiés à ses soins.

Après plusieurs années de séjour et de dévouement à l'île Bourbon, elle fut, sur ma demande, rappelée en France. Je dis, sur ma demande, car la vertueuse madame d'Elbée, qui devait plus tard mourir de joie en embrassant sa fille, m'ayant un jour exprimé le désir de la revoir en France, vint, dès le lendemain, rétracter ce désir, comme arraché à la faiblesse maternelle, me disant qu'une mère qui a donné sa fille à Dieu, n'a plus le droit de la reprendre en aucune façon.

A son retour des colonies, la sœur de l'Assomption fut placée à Paris, où elle rendit pendant quelque temps d'importants services, au noviciat et au secrétariat de la Congrégation, et où elle s'attacha toutes les personnes qui l'approchaient. C'est de là, et encore à ma demande, qu'elle vint à Beauvais prendre la direction de l'importante maison que nous avons le bonheur de posséder. La Révérende Mère générale ne pouvait nous faire un plus riche présent.

La jeune supérieure déploya dans sa délicate mission une aptitude rare, et cette fermeté douce qui se fait obéir en se faisant aimer. Ce serait à vous, mes chères filles, à vous qui avez vécu sous le rayonnement de ces modestes et aimables vertus, à vous qui ne vous lassiez pas d'admirer en votre digne Mère, la douceur et la parfaite égalité de son caractère, la bonté de son cœur, si aimant pour son Dieu, si tendre et si compatissant pour tous, ce serait à vous de parler à ma place et de divulguer tous les détails de cette vie si sainte !...

Mais, comme moi en ce jour, et devant les derniers restes de celle qui vous était si chère, vous ne pouvez que pleurer et redire : « *Le Seigneur nous l'avait donnée, le Seigneur nous l'a enlevée, que le nom du Seigneur soit béni !* »

Toutefois, il ne faudrait pas croire que la piété ardente de la bonne Supérieure eût éteint ou même refroidi les sentiments qu'elle éprouvait pour les membres survivants de sa famille.

Souvent elle m'a parlé, en termes émus, de son affection et de sa reconnaissance envers son respectable oncle, qui s'était fait le père de ceux qui n'en avaient plus. Maintes fois elle m'a exprimé son vif désir de revoir ses frères prêts à rentrer en France, et qui, hélas ! ne trouveront plus qu'un tombeau !

Il fallait qu'une si belle vie fût couronnée par la souffrance, et que, par une ressemblance plus parfaite avec celle de Notre-Seigneur, elle reçût ce caractère de grandeur touchante qui achève la vertu. Une longue et cruelle maladie, une maladie qui ne pardonne pas, vint clouer la bonne Mère sur un lit de douleur. Comment vous peindre sa patience et sa résignation au milieu de ces souffrances ? A ses moments de tristesse, pendant les longues heures d'insomnie ou de crise, elle baisait le Crucifix qu'elle aimait à tenir entre ses mains ; elle regardait l'image de Marie. Sa plus grande consolation, son suprême bonheur, était de recevoir Notre-Seigneur dans la sainte Communion. Le bon Maître visita souvent sa fidèle Servante, sa Fille bien-aimée durant sa longue agonie, et Il vint encore la veille et le jour même de sa mort, illuminer et fortifier une dernière fois cette âme virginale qui allait bientôt contempler, sans ombres et sans voiles, Celui qu'elle avait tant aimé sur la terre !...

Ainsi s'est éteinte cette flamme si pure, allumée par la main du Seigneur ! Depuis quelques jours elle ne jetait plus que de faibles lueurs, nous nous attendions à la voir mourir. Et pourtant la triste nouvelle que la Supérieure de Saint-Joseph nous était ravie a été comme un coup de foudre pour tous ceux qui l'aimaient, tant la pensée de perdre la bonne Mère était cruelle !

O bonne et excellente Supérieure, après avoir passé comme un ange sur terre, vous êtes allée rejoindre les anges dans le ciel; mais votre souvenir nous restera comme un encouragement et une leçon; et votre protection, j'en ai la douce confiance et vous nous l'avez promis, votre protection s'étendra toujours sur cette maison qui vous était si chère!...

Et vous, mes frères, et vous mes chères filles et mes chères enfants, puissions-nous tous apprendre par cet exemple comment il faut vivre pour mourir de la *mort des justes qui est précieuse devant Dieu et consolante* pour ceux qui demeurent ici-bas.

Beauvais. — Typ. de D. PERE, Imprimeur de l'Evêché.

48